한편의 동화 같은 이야기를 품고 밤바다 정박을 꿈꾸는 우리는 모두 이방인인 것을 작품을 통해 제시해준다. 그녀만의 상상력과 미적 감각을 가미해 고향은 오늘도 풍요롭다 작품해설 中

그대를 부르고 싶다

인 쇄: 초판인쇄 2015년 03월 20일
인 쇄: 초판발행 2015년 03월 25일
지은이: 이남숙
펴낸이: 윤기영
편집장: 정설연
펴낸곳: 노트북 출판사
등 록: 제 305-2012-000048호
본 사: 동대문구 사가정로 265-4번지 나동 B101호
전 화: 070-8887-8233 팩시밀리 : 02-844-5756
이메일: hdpoem55@hanmail.net

2015 & 이남숙 詩集

정 가 : 10,000원
ISBN : 978-92687-52-2-03810

한국 현대시[韓國現代詩]

811.7-KDC6
895.715-DDC23 CIP2015008242

시인의 말

그대를 부르고 싶다
추억을 꺼내보는 시간은 아름답다.
고통의 단면이 존재할지라도 고희의 길목에서 묶은 상념들은 축제의 흔적으로 남아 달빛 별빛도 없는 단단한 어둠 속에서도 나를 붙들 것이다.
봄 햇살 뜨락에 꽃 등불 밝힌 청초한 목련으로 초여름 산들바람에 스치는 청청한 신록으로 살기를 원 했다. 아직은 억새밭에서 쉼 없이 차례대로 눕고 일 어서 기를 반복하므로 조촐한 주안상 마련해 그대들을 초대해 우리들의 옛 봄날 저녁의 꿈을 노래하고 싶었다. 생활 속에서 이뤄지는 많은 일들 중 지나치고 싶지 않은 감성의 편린들을 소중히 여겼고 각각의 개성을 지닌 사람들을 만날 때 그들이 품고 있는 향기를 마음의 울림에 따라 표현했으며 또한 여행길에서 놓치고 싶지 않은 자연의 경이로움을 곁들였다. '말을 아끼고 리듬이 우러나야 한다.'는 생각으로 글을 다듬었으나 상념이란 늘 곁에 머무는 바람처럼 그렇게 흔들림이 아닌가? 라고 스스로 위로하며 두 번째 시집은 편안한 마음으로 엮었고 읽는 분들께 감사드립니다.

2015년 3월에 이남숙

목차

1부. 축제의 흔적

2부. 하롱베이 연가

3부. 광수생각

4부. 겨울논

LIVE from MIDDLE AMERICA ★ Brad Stine
microthrills wendy spero
RUNNIN' WITH THE BIG DOGS Mike Shropshire
RESURRECTION
The Jesus Machine · Dan Gilgoff

1부. 축제의 흔적

젊은 날은
무시로 올라오던
매운 밤바람으로 휘둘렸어도

때론
축제의 흔적으로
별빛 생생히 떠올라
폭죽처럼 울려 퍼진다.

축제의 흔적

면사포 여린 달빛은
인습의 높은 담장에 갇히어

빛나던 훈장 따윈
묵살 당한 채
잡초뿐인 마당에서
호미와 씨름했다

낯선 광야에
싱그러운 들꽃을
심고 가꾸며
울타리를 지켰다

젊은 날은
무시로 올라오던
매운 밤바람으로 휘둘렸어도

때론
축제의 흔적으로
별빛 생생히 떠올라
폭죽처럼 울려 퍼진다.

* 동인지 풀빛예감. 2012.3

가을 회한(悔恨)

가을이 친정아버지 눈시울 속에서
울고 있다

중추절 맞아
올망졸망 자식 데리고
시댁 가는 시골버스 탄
딸을 지켜보던
아버지의 애틋한 눈동자

삶의 여울목에서
힘들어하는 딸
손잡고 다독거려주든
아버지의 젖은 눈동자

온 산
단풍으로 불붙어 깔깔대나
가을빛 노을 속으로
자꾸 떠오르는
친정아버지의 붉은 눈시울.

장미 한 송이

늘 곁에 머무는
그대가
건네준 장미 한 송이

시골집
오래된 벽지처럼
남루해진 터전
금강소나무로 꾸민
관능의 궁전이 된다

댓잎 부서지던
봄 햇살 속으로
야생화들 돌림노래
샘물처럼 고여 있는 곳에

과묵한 원시의 산이
내뿜는 사랑의 기척
아늑히 흩어져 내리는
장미 한 송이의 햇살.

세월 속에서

어머니의 앞치마로
지아비의 꽃으로
스승의 깃발로
살아온 이야기들
갈피마다 빼곡히 담겨있다

저녁놀 은은한 뜨락에서
모시옷 걸쳐 입고
거문고 줄 튕기며
시 한 수 읊으니
청춘을 넘어선 청춘
더 붉게 타오른다

인고의 지난 세월
주춧돌 위에서
반짝거리고
옛것은
천상의 예술로 태어난다.

산과 물의 조화

비가 내리고 바람이 분다
울타리가 필요하다

안방에서 거실에서 각각 둥지를 틀고
자기만의 별자리를 탐닉한다
자기만의 세계는 마음을 가라앉힌다
둘이면서 둘이기에
거리를 두고 바라보는 눈이
머리를 비우고 마음을 다듬어
힘든 여정을 껴안는 가슴이

서서히 말라가는 것 보담
차라리 자신에 몰입하는
피가 있고 살이 있고
영혼이 존재하는 각자의 공간은
그래서 필요하다

산은 산이고 물은 물인데도
산줄기 물줄기는
서로 감싸 안고 휘감아 돈다

비바람 그치고 운무 피어오르는 궁전에서
해로하는 부부는
득의의 깨달음으로 평화롭다.

사랑의 저금통

겨울바람 거칠게 불어대는 날
손자 놈이 끙끙대며 가져온
배 터질 것 같은
돼지 저금통

"할아버지 담배 끊으세요
건강에 안 좋대요".
"담배 끊으면 제가
백만 원 드릴게요".

손자의 애원에
육십 년 동안 친구한
담배를 끊자
금단의 칼바람이
세차게 불어 닥쳤다

우울함에 시달리고
입맛을 잃어 해골이 되어
유언까지 하고
저승 문턱까지 갔다 온 할아버지

힘든 여정인 줄 모르고 조른 손자
힘든 여정인 줄 알면서 택한 할아버지
원초적 혈연이
꼼지락거리며
백만 원짜리 저금통을
발효시키고 있다.

친정아버지 기일

시린 고요의 적막 속 붉게 향이 타고
속 깊은 울음 삼키며
먼 길 오신 아버지께 절한다

아홉 자식 만날 생각에
숨차게 달려온 아버지
서너 명 모인 자식들 보니

더께 쌓인 세월 때문에
너슨 해진 그리움 때문에
삶의 무게 짓눌렸나

아버지 마음 무너져 내리는지
떨어지는 촛농에 혼령의 눈물 섞이고
싸한 바람 일더니
때 이른 봄비 세차게 내린다.

* 불교문학 2014.2

모란 한 송이

새벽에 도착한다는
큰딸 생각에 잠을 잃었다

몸에 걸칠 장신구 하나 없어도
콧노래 부르게 한 모란 한 송이

지나온 길섶은
가슴에 안긴 자줏빛 꽃송이로
풍성한 가을 들녘 바라보는
농부의 미소였다

바람 불고 꽃잎 날릴 때
해맑은 웃음으로
엄마를 붙잡은 너

이 새벽
저려 오는 침묵이
설레임으로 바뀐다.

내리사랑

둘째 딸이 꽃을 달고
친정에 왔다

“아이구 내 새끼
얼굴에 노랑꽃이
다 피었네.”

“엄마
나는 괜찮은데.”

네 마음
내 마음이
하늘과 땅이구나.

들꽃 이야기

있는 듯 없는 듯
없는 듯 있는 듯
바람에 살포시 고개 내민
너를 보며 미소 짓는다

보라색 제비꽃인가 하면
분홍빛 진달래 같기도 한
손때 묻지 않은
보물창고 같은
너를 보며 침묵한다

엄마 힘들다고
외할머니댁에서 자라면서도
칭얼대지 않던 셋째 딸
너를 생각하며 안쓰럽다

하루를 보낸 해의
모든 빛깔을 품고
교단에서 제자들에게
하얀 미소로 다독이는
너를 생각하며 따뜻하다.

따뜻한 잡담

창밖에 눈보라 쏟아지는데
오랜만에 만난 고향 친구와
유자차 한 잔 마신다

내 심연의 바다가
깊고 거친 줄 알았는데
친구의 바다는
더 징한 인습의 파도로
교사의 꿈마저 삼켜버렸단다

시할머니 시어머니의 층층 벽을
부드럽게 휘어지고
가볍게 날아오르는 곡예사처럼
자신을 묻고 살아온 종갓집 맏며느리

마음 놓고 친정에 갈 수 없었던
가슴 맺힌 사연엔
갈잎 툭툭 치는 가을비처럼
서로의 눈물이 엉켰다

어둠의 노래를
그리움 품은 편지처럼
담담히 토해내는 그녀는
눈바람 속에서 활짝 핀 홍매화였다

중년을 훌쩍 넘어선 두 여인
세월의 엄동설한을
눈발 속으로 보내며
나붓나붓 남 이야기하듯
시집살이 한기를 녹이고 있다
사랑의 기척처럼 주고받고 있다.

* 동인지 풀빛예감. 2012.3

흑장미

가끔은 쓸쓸하고
더러는 비밀스럽고
언제나 애잔한
한줄기 시선도 아슬아슬한
막내라는 이름

장미 붉게 핀 날
딸이라는 아쉬움은 잠깐
별을 품은
맑은 눈동자 보며
구슬처럼 이어진 기쁨

달빛 아래서는 요정으로
햇빛 아래서는 백조로
세상 걸어가라는
애타는 기도 소리
아침 햇살에 뿌리고 또 뿌리니

어둠을 걷어낸
따스한 에너지에 둘러싸여
정갈하게 피어있는
흑장미 한 송이를 본다.

치자꽃 화분

그대가 보내준 치자꽃 화분
투박한 단지에 마알간 순백의 꽃
꽃이 아니라 마음이었는지 향기
찌르르 가슴에 울립니다

따사로운 일상으로 기쁜 소식 오가야 하는데
아침이 되어도 잠들지 못한 별무리로 가슴 아픕니다

베란다 문 너머 익숙한 고향의 치자꽃 향기
바람 속에 묻어오나
되돌아갈 수 없는 시간
가슴속에서 깊이 출렁댑니다

아름다운 것은 아름답게 보이는 거리가 있지요
그 거리 앞에서 윤유월의 치자꽃은
저리도 곱고 향기롭게 피었을까요.

밤새 비는 내리고

꿈속에도 들리는 빗소리
온 밤 세상이 젖고
마음조차 흠뻑 젖는다

시커먼 새벽은
나뭇잎들을 풀어헤쳐
관능의 춤을 춘다

비를 뚫고 들어온 그리움이
부치지 못한
편지 한 장 들춘다

갇혀있던 추억 언저리 사이로
지나쳐버린 생의 진실
풍경처럼 흔들고 지나가나
비우면 향기로워

강의 상류에 깊이 박힌
바위처럼 이글거리던
주체할 수 없던 눈빛을

열 손톱에
진홍색 매니큐어를 바르며
빗줄기 속으로 흘러 보낸다.

* 문예운동 2007.11

침묵의 여정

밀물처럼 밀려온 암흑
보지 않고
생각지 않고
뇌리에서 모든 것
지워 버린다

나누고 나누어
쪼개고 쪼개어
한 점 세포까지 버리고
고요히 침묵에 들면

번잡했던 마음
구름 걷히듯 걷히고
관대한 햇살 속으로
평화로운 숨소리 들린다

살면서
때때로 그럴 때 있어
참사람으로
여물어가나 보다.

한 지붕 두 사람

한솥밥 먹는
두 사람 마음이 엉키면

오뉴월 한 여름에도
싸락싸락
싸락눈으로 내린다

한 지붕 아래
두 사람 생각이 겹치면

묵은 울타리에도
파릇파릇
새싹이 돋는다

들길처럼 거친 세상
조용히 고요히
서로의 초롱불로 살아간다면……

잔칫날

파종 끝내고
가무 즐기는 단옷날
새 유택 지어
선조님들 모시는 잔치 열렸다

기백도 당당한
풍체도 훤하신 선비님들
흰 도포 자락 휘날리며
곳곳에서 오신다

'그래 여기가 우리 집이야.'
시간의 은하로 자맥질하여
만난 선조님들 얼굴에
물결처럼 퍼져 가는
금빛 미소, 미소들

"두려움 없이 세상을 살고
사랑으로 세상을 품으라."
무언의 가르침
신록의 햇살 속에서 반짝인다

무지개 영롱한
보배로운 산자락
평현리 모밭골 동산에
성주이씨 경무공파
조상들의 보금자리 꾸미고
후손들도 편히 쉬게 될 것이다.

* 평현리 모밭골에 세운 시비

비석유감

아버지의 비석에는
아홉 자식이 서늘한 갈꽃으로 피어있다
더 높은 고지를 향해
허위허위 이끌어온 나날들 침묵하고 있다

찾아 헤맸던 그리움들
한 줌 먼지로 털고 떠났을 텐데
굽이굽이 발자국들
큰 돌에 꾹꾹 박혀 북풍을 맞고 있다

비석에 날개를 달아
바람 속으로 날려버리고 싶다

이승의 모든 것 잊고
햇살이 끊임없이 속살대는 산 중턱에서
아버지를 편히 잠들게 하고 싶다.

연잎의 몸짓

연잎으로 뒤덮인 연못
연둣빛 녹차 라떼로 넘실댄다

연잎
물을 가득 채우자
무거워 어쩔 줄 몰라 비틀거린다

중심을 딛고
다시 일어선 연잎
조금만 넘쳐도
스스로 몸을 기울여 쏟아낸다

꼭 필요한 것
최소한의 것만 받아들이고
아낌없이 내어놓는 소박함

가득 채우고 싶음은
욕심일 뿐
내 마음
진흙 속에 가만 내려놓는다.

2부. 하롱베이 연가

비취빛 고요한 수면에
삼천여개의 섬들이
오케스트라를 연주한다

하롱베이 연가

비취빛 고요한 수면에
삼천여개의 섬들이
오케스트라를 연주한다

적의 침략을 막은 여의주가
기암괴석의 섬들로 변했다는 전설
멋진 화음으로 울린다

억년의 세월이 멈춘
태곳적 강렬한 진실의 빛
무엇을 구하고 무엇을 버려야 하는지
허공에서 충돌하는 속세의 욕망
비취색 바다에 흘려보낸다

스승이라는 훈장을
가슴 깊이 지닌
자랑스러운 반백의 친구들

하롱베이 절경에서
영혼까지 깔깔대며

여행이 던져 준
나를 다스린 전율 그대로
다시 첫사랑을 시작했다.

* 하롱베이 : 베트남에 위치한 세계7대 자연경관 관광지임.

* 한맥 2014.11

의림지 소나무 숲에서

갖은 빛깔의 아름드리 소나무들
적당한 거리로 늘어서

쭉쭉 뻗다가 부드럽게 휘어져
군무를 추며 황홀경으로 반겨준다

세월의 굴곡 다 담고도
어찌 그리 아름답게 늙었는가

가만가만 솔숲 숨소리
소근소근 솔숲 오랜 이야기 들으며

친구가 따라준 연 향 가득한 차 한잔
천 년의 솔 향과 같이 마시니

오지도 않을 님을
마냥 기다려도 행복하겠네.

* 충북 제천시 위치한 천년의 솔향기와 문화가 깃든 최고의 저수지

이별

햇살 속에 비친
단풍나무
열아홉 소녀가 되어
깔깔대고 있다

햇살 등진
단풍나무
중년 늙은이 되어
생각의 늪에 빠졌다

단풍나무 줄지어 선 숲길
낙엽의 숨소리 따라
빨강, 파랑 옷 입은 무희들
이별가 부르며
유랑의 길 떠난다

젊음이 서둘러 떨어지고
삶이 휘날리는 산길에서

내 영혼
생각의 누더기 벗어버리고
바람의 길동무나 될까.

* 동인지 풀빛예감. 2013.3

8월이 간다

산객에게
넉넉한 미소로 답하던
변화무쌍한 초록의 향연
온갖 새소리로 출렁이던 나날들
한바탕 퍼부은 소나기로 기운 빠지니
태양을 얼싸안았던 낭만 내려놓고
떠날 채비로
분주한 여름새를 본다

회전목마의 뜨겁던 웃음
비에 젖어 멈추었고
멀-리 바람에 실려 오는
짝 찾는 풀벌레 울음소리
태풍처럼 몰려왔던
아픈 슬픔도 내려놓고
용서라는 아름다운 옷 겹겹이 입고
고개 숙이는 처연한
여름 꽃을 본다.

* 한맥 2014.11

담양 메타세콰이어 길

도열한 아름드리나무들
하늘을 찌를 듯
수직으로 뻗어 있다

고유의 리듬을 지닌
짙은 녹색의 터널
선계로 이어주는 통로인가

나무들 위로
늦여름 해가 머무니
계절이
새 옷으로 갈아입고
절정의 순간을
불태우려 한다

긴 세월
묵묵히 걸어와
살아있는 화석이 되고
늙어 더 아름다운 모습

갓 태어난 나이테
기지개를 켜고
원시림 속을 걸음마 한다.

* 조선문학 2012.11

계림산수 갑 천하(桂林山水 甲 天下)

달나라 계수나무
가로수로 지천이고
분재 수석으로 둘러싸인
거대한 수묵화 전시장

우주 행성 닮은
첩첩 산봉우리들
바투바투 손을 잡고
강강술래 춤을 춘다

느릿느릿
물소 떼 거니는 강변
디지털 앙금 걷어가고
고이고이
세월 잊은 앳된 물줄기
삶의 티끌 씻어낸다

뗏목을 타고 강을 유람하니
*우룡하에 비친 산하는
극치의 한 폭 동양화

홀연히 나타난 복사꽃 동산
인간이 찾아 헤매는
무릉도원(武陵桃源)인가

능개비 맞으며
눈빛 푸른 신선이 된
몽환(夢幻)의 사흘
투명한 깨달음이
흰 꿈처럼 피어났다.

* 계　림 : 중국 후난성에 있는 세계 3대 절경 도시 중 하나
* 우룡하 : '용이 만나는 물' 이라는 뜻이며 이강의 지류임

허공

소리 없이
울음을 부르고
자취 없이 사라진다

햇볕이든
바람이듯
길손이듯
무심으로 맞아준다

그대
서두르지 말고
천천히 와요

신발 벗어 버리고
쉬었다 가요

나 거기
미소 갖고
기다리고 있을게요.

* 조선문학 2012.11

두브로브니크에서

세계문화유산
*두브로브니크 성벽 따라 걸으면서
보석 몇 개 주웠다

성곽 밖
짙푸른 아드리아바다에
지친 영혼을 씻고

성곽 안
주황색 지붕이 다닥다닥 붙은
천국의 거리에서
지친 영혼을 달래고

오노프리오 분수에서
흘러나오는
고풍스런 천연샘물
실컷 들이키니

시간이 정지한
그 옛날로 돌아가 있었다.

* 발칸반도에 위치한 크로아티아의 진주라 불리는 유서 깊은 도시

순천만 갈대밭

하들하들
나부끼는 깃털

수천 마리 백조 되어
바람 한 점에 맞춰
군무를 춘다

차례로 눕고
일어서는
정갈한 자태

지는 해와 함께
더욱 눈부신
은빛 물결

밤마다
외계인들이 내려와
놀다 가는
순천만 갈대밭.

시누대 숲에서

귀 기울이면
사그락 사그락
보듬는 소리
솨아 솨아
속삭이는 소리 들린다

검소하되
누추하지 않고
무성하되
지저분하지 않은

저마다의 질서와
풋풋함을 간직한
시누대 숲처럼 살아간다면.

* 시누대(산죽의 순 우리말)

플리트비체 호수공원

아주 먼 옛날
한 요정이
플리트비체 호수공원에 살았다

적적함을 견딜 수 없어
폭포처럼 정열적인 한 사내를
사모하여 결혼이 이루어졌다

넘치는 사랑을 주체 못 한 부부는
층층이 열여섯 개의 호수를 파
폭포로 연결해 정원을 꾸미고

옥구슬처럼 반짝이는 호수에서
물고기와 같이 헤엄쳐 다녔다

파란 이끼로 뒤덮인
태곳적 원시림에서
풍겨오는 깊은 숲의 냄새

산과 호수 사이로
골안개 물안개 다투어 피어나고
사랑도 같이 피어올라

나무 산책로 따라 걷다보면
별무리 같은 요정들이
여기저기 날아다닌다.

* 크로아티아에서 가장 아름다운 국립공원

아드리아바다에 뜬 별

누가 펼쳐 놓았을까
저 에메랄드와 다이아를

까만 융단에 꾹꾹 박혀있는 밤하늘의 별
고요한 영혼을 일깨우고
에매랄드 물결에 떠 있는 낮 바다의 별
찬란함으로 영혼을 물들인다

구름 사이로 햇빛 반짝 드러나니
에매랄드로 치장한 여신들이
바다에다 연신 다이아를 뿌린다

누가 밤하늘의 별을 아름답다고 했나
저 *아드리아바다에 명멸하는 낮별을 본다면……

* 이탈리아반도와 발칸반도 사이의 좁고 긴 해역

장성 편백나무 숲에서

겹겹이 솟구쳐 오른
편백나무 숲길 사이로
내뿜는 질감이
온몸을 휘감고

옅은 안개 사이로
스며드는 향내에 취해
침묵에 빠져드니

기품있게 흔들리는
나뭇가지 속으로
조용히 다가오는 그림자

마음이 시려오는
숲에선
길고 긴 사랑의 편지를
쓰고 싶다.

* 한올문학. 2013.2

황산에서

안개 옷 휘감고
태곳적 속살
보이려 하지 않는다

골안개 사이사이로
언뜻언뜻 비친
손때 묻지 않은 자태

깎아지른 산줄기
깊은 골 아득한 물줄기
감싸고 휘감아 도는
숨 막히는 신비의 연속

초록 비단을 몸에 두른
고만고만한 소나무들
형형색색 이야기 풀어내는
기기묘묘 암석들

후들거리는 다리를
구름 속으로 디디며
'억'하는 비명뿐
벙어리가 되었다

인간의 삶 벗고
신선이 된 하루였다.

* 황산 : 중국 안후이성[安徽省] 남동부에 있는 산

동창회 단상

교대 동창회에 가면
풋풋한 세월의 조각들을
건질 수 있다

조국의 교단에서
수천 마리의 파랑새를
하늘 높이 날려 보낸
흩어졌던 청춘들

우정의 종소리 울릴 때
너도나도 모여앉아

잠자고 있던 추억들
허물없이 깨어나
폭소의 능선 넘나들고

아지랑이 가물대던
봄날로 돌아가
길고 따뜻한 노래를 부른다.

참(眞)

참으로 보고 싶었는데
참으로 만나고 싶은 그댈 만나
참으로 소원을 풀었다오

참 인품으로 관리자의 역할도
참 잘하고 계신다니 선배로서
참 듣기 좋다오

참인간으로 살아간다는 것이
참 어려운 세상인데
참을 행하며 사는 그대
참으로 우러러 보이네요

참교육이 뭔지
참사랑이 뭔지 일깨워 준
참에 대한 소중한 빛깔

참인생 끝까지 펼쳐
참행복 누리시길.

보물섬 내 고향

외로움 덮쳐
꽃송이라도 터뜨리고 싶은 날
남녘 바다로
조각배 하나 띄운다

따뜻한 숨결 따라
노 저어 가면
깊은 에메랄드 물빛 밟고
두 팔 벌린 어머니를 만난다

수평선 헤치고
주홍빛 태양 환하게 웃으며
하루를 선물하고
보랏빛 낙조
파도를 물들이며
시린 가슴 녹여준다

바다에 그어놓은 죽방렴 사이사이
집어등 밝히고 멸치 부리는 고깃배
햇빛 받아 보석을 쏟아내는 갯벌들

동백꽃 미소 사이로
치자 향, 유자 향 춤추고
보리암, 망운암 풍경소리
심신을 헹궈낸다

키 큰 미루나무 아래
속삭이던 강아지풀
낮은 굴뚝 사이로
흩어져 내리던 저녁연기는
얼마나 좋았던가

급한 물살 속으로 흘러간 친구들
목청껏 교가를 불러대던 꼬마들
석양 속으로 가물거릴 때
사랑의 기척으로
마음의 울림으로 다가오는
고향의 속살.

* 경남 남해 내 고향

* 보물섬 2012. 봄호

3부. 광수생각

내 친구 광수는
눈이 내리면
눈 속으로 들어간 영혼을 쫓아
밤중에도 혼자 산으로 간대요

광수생각

내 친구 광수는
눈이 내리면
눈 속으로 들어간 영혼을 쫓아
밤중에도 혼자 산으로 간대요

눈이 너무 좋아
온갖 떨림, 온갖 울림들
세포 속으로 들어와
격렬히 춤을 추는데

잡힐 듯 말듯
비밀스런 언어들
밖으로 끌어낼 수 없어
답답한 마음
불임문자로 묶어두고

새하얀 나신과
실컷 뒹굴고 교감하는
몸시인 이래요

읊조리는 시인보다
더욱 깊고
신비한 영토 속을 산책하는

무궁한 낭만을
오감으로 탐닉하는
몸시인 이래요.

열목어의 열망

더 나은 삶을 살기 위해
폭포를 뛰어넘는 오름짓을 했다
물살에 휩쓸려 하얀 포말 속에 파묻혀도
재도약은 본능이었다
드디어 수면을 차고 올라
허공을 가르고 별을 땄다

초등교육의 수장으로
편안한 미소로
보물처럼 간직한
거위의 꿈을 펼치며
학생들에게 따뜻한 옷을 입혔다

42년의 교단에서 내려오는 날
자유의 햇살은 눈부셨다
손목 아렸던 밤
외로움 껴안을 시간도 없었던
세월 속 깔린 굉음들

이젠 휘파람으로 가끔씩 다녀가니
눈물 흘리며 뿌린 씨를
기쁨으로 누리는 나날은 팽팽하다.

* 열목어 : 냉수성 민물고기

만추의 우정

살다 보니 제법 살다 보니
친구의 손이 햇빛보다 따스함을
친구의 가슴에 입맞춤하고 싶음을

칠순 여행 같이 하다 보니
오리온 북두칠성으로 목걸이 만들어
친구 목에 걸어주고 싶음을

소매물도 전망대에서
'아침바다 갈매기는 금빛을 싣고' 노래 부르며
교단 시절 그 옛날로 돌아가 방긋거리고

높은 벼랑 지나
깊은 계곡 지나
삶의 울타리 저절로 걷히니

진한 향기 없어도 더욱 그윽이
아직은 꽃으로 피고
아직은 꽃으로 깔깔대는

경아, 미야, 숙아, 영아, 옥아
애야, 자야, 조야, 화야, 희야

흐르는 시간 속
둘레둘레 모여
봉선화 꽃물 들이지 않을래.

여인찬가

바라만 보아도
절로 시가 쓰여지는
여인이 있다

계절을 모른 체
고요히 세상을 내려다보는
별 하나 되어

타박타박
눈을 밟으며
겨울 숲의 귀부인처럼 살아온
여인이 있다

조심조심
눈송이처럼 내려와
지난 생을 돌아보며
붉은 흔적을
설산에 뿌리고 있는 여인

너무 깊어 두레박으로
퍼올려도 퍼올려도
마르지 않는 샘을
가슴에 품은 여인

가끔은 바람처럼 소리 내어
울 수도 있는데......

동백꽃 여인

어여쁜 여인아
잠시 일상을 내려놓고
선운사 동백 숲으로 가보자

찬 서리 이겨내고
힘찬 생명으로
무성함을 뽐내는
숲의 탄탄함을 보아라

올망졸망 피어나
험한 세상 등불 같은
따습고 살가운 정

젊은 날의
눈빛 푸른 싱그러움
매운 밤바람 속에서
짙은 녹의 잎사귀로 돋아나고

꽃 한송이 피우기 위해
부서져 내리던 순간순간들
설핏한 미소 속에 감추었네

바람 끝 잔설 위에
동백보다 더 붉은 꽃잎으로
삶을 일군 여인아.

금강송 예찬

해운대 바닷바람
끌어안으며
붉은 적송 더욱 붉게 타올랐다

황혼의 길목에서
득의의 법열로
투명한 자신을 돌아보고

사라져 가는 석양 속
주막의 불빛 바라보며
고독에 젖을 때

대공원 숲길 넘나들며
비단 같은 산소
흠뻑 마시며
인생을 논한다

겨울바람 불어대는 숲에서
막걸릿잔 사이로
서로의 시린 가슴 녹여주는

그대는
정적 속 뜨락에 핀
한그루 금강소나무련가.

내 절친

돋보기 끼고
신문을 본다

이놈
거실, 서재, 화장실 등
곳곳에 버티고 앉아
나를 지배하더니

선생님으로
안내견으로
내 시야 움켜쥐고
떼려야 뗄 수 없는
절친이 되었다

애인처럼 붙어 다니니
생애 끝날 때나
이 별곡 부를까

속 넓고 크게 보라는
절친의 큰 뜻 헤아리며
그대 내 반려임을.

가상세계

어깨에 손을 얹으면
잔잔한 설레임으로
백조가 된다

파도소리를 내지 않는
썰물의 바다처럼
끌어당기듯 떠나보내고
미끄러지듯 돌려세운다

팽팽한 리듬의 긴장 속
선율들 허공에서
부서져 내리고

살짝 감은 연분홍 꽃눈 틔우는
따사로운 봄볕으로 다가와
번잡했던 마음
구름 걷히듯 시원해지는

사파이어 해변에서
이별을 아쉬워하는
순간의 세계.

남이섬 연가

황혼이
불타는 남이섬

고이 묻어둔
열정 깨어나

서늘한 고요 속
낙엽 바스락대고

고목나무 숲길
아련한 그리움에 젖어

강물에 내려온 달님에게
님의 소식 묻는다.

* 동인지 풀빛예감. 2012.3

시니어 미니 독창회

세월 속에 숨죽인 청춘 깨우고
삶 속에 스러졌던 열정 다독거리고
허공으로 흩어진 옛꿈 불러
멧새처럼 고운 목청 한껏 포롱대니
가르침과 배움의 교향곡 촉촉이 눈시울 적시고
구름 사이로 빨간 해 다시 솟아나니
외로움도 그리움도 빙그레 웃고 가네.

저물녘 풍경소리

각자 다른 길을
걸어 왔으나
황혼의 들녘에서

풍경처럼 흔들리는
여고 시절 속
가곡이 좋아 모여들어

열정의 손짓을 향해
나를 비우고 너를 채워
우리가 되어 활짝 웃고

고운 노랫말에
서로의 영혼 어우러져
맑은 그리움 붙잡은
넉넉한 기도 소리

살랑 살랑
행복으로 다가오고
찰랑 찰랑
사랑으로 다가온다.

빈 공간

너의 손을
오늘 잡지 못한다

일상처럼 스치던
손의 체온
편안함으로 다가와
아름다운 충격이었는데

별것 아닐 거라 생각한 것이
별것 되어
기운 빠지는
오늘은 외롭다

하얀 서리 덮는 늦가을
탱고의 리듬 따라
다시 내밀 투박한 손을
숨죽여 기다린다.

상처

차가운 늦겨울 바람맞으며
집으로 오는 길
엉켜버린 약속에 속상했다

친구가 던진 돌멩이
생각에 생각을 더하니
내가 내게 던진 돌멩이

스스로 논쟁하기도
책망하기도 하면서
결국은 웃음을 걸고 달랬다

감기몸살로 힘들어도
고향까마귀 보고픈 마음에
야심찬 하루를 걸었는데

5분의 기다림도 허용치 못하고
곤두박질 쳐버린 우정의 늪

과녁을 빗나간
화살촉 보면서
제일 많이 아픈
내 마음 다독거리면서

헝클어진 가슴에
그래도 감사의
따뜻한 물 한잔 넘겼다.

해당화 가슴에 품고

아침 이슬 머금은
진홍빛 해당화 가슴에 품고
색색의 종이학 매달아
촛불을 켠다

*미인의 잠결로 사는
넉넉한 세월 접어두고
학생들 가르치던 사랑의 기척들
두 손녀에게 쏟으며
하루하루 탑을 쌓는다

기쁨도 힘듦도 나의 것
*諸行無常이라고
一筆之揮 휘두르며
노년의 리듬을 가꾸는 여정

비 그친 유리창으로
봄 햇살 스며들고
무럭무럭 손녀들
해당화 꽃망울로 부풀어 오른다.

* 미인의 잠결 : 당 현종과 양귀비의 고사
* 제행무상 : 영원한 것에도 영원하지 않는 것에도 집착하지 않는 것을 말함.

하늬바람의 숨결

솔가지 사이로
솔래솔래 빠지며
온갖 음악 소리 지어내고

단맛 무르익는
과일의 향기
하늬바람 숨결에 묻어있다

억새는 바람에 사각거리며
울음소리 내고
풀벌레 덩달아 울어댈 때

가을 햇살의
풍요로움 가득 싣고

정갈한 수다로
낭창낭창 가락 돋우는
꿈속의 길동무로 찾아오는
그대.

* 하늬바람 : 가을에 부는 선선한 바람의 준말

그녀는 그랬다

꺼이꺼이
문상객 마다 붙들고
그녀가 흐느낀다

거동을 못 하는
거구의 남편
병상에서 보살핀지
이십 년이 넘는 세월

그녀의 허리는
균형을 잃고
활처럼 휘었다

이제 내려놓아도 될 텐데……

그녀는 그랬다
자신의 정성 부족으로
남편이 잘못된 양
울고 또 울었다.

꽃으로 다시 피어

꽃으로 다시 피어나
장미꽃 아닌
돌 틈에 피어나는
이름 모를 꽃이어도
무슨 꽃으로든
그대 향한 꽃으로
다시 피어

생활 속에 묻혀 버린
웨딩드레스 꺼내 입고
그대 눈동자 속
별이 되고
오로지 수줍은
그대 향한 꽃으로
다시 핀다면.

시인의 노래

빛바랜 흑백 사진 속에
같이 웃어주는
고향친구 같은

추억 속
까마득히 흐르는
주막의 불빛 같은

갈 곳 없는 나그네
쉴 수 있는
온돌방 한 칸 같은

무르익는 과일의 향기가
바람결에 묻어오는
구월의 햇살 같은

정적 속 뜨락에서
매화 같은 시인으로 피어나
그런 노래 부른다면

얼음 같은 공기 가로질러
삶의 향기
사뿐사뿐 실어 나른다면.

* 고려달빛 2011~2012. 1~2

동백꽃

그 마음 받을 수 없어
붉은 울음 토하는
붉디붉은 꽃잎

그 가슴 안을 수 없어
푸른 울음 토하는
푸르디푸른 잎새

담을 수 없고
안을 수 없어
겨우내 흐느끼더니

화르르 꽃잎 피자마자
잔설 위로 훌쩍 몸 던지니
동박새 자지러지게 울고 가네.

* 동인지 풀빛예감 2012.3

4부. 겨울눈

적막한 대지 위에서
인연 꽃을 피워내는
끈질긴 겨울눈의
하얀 몸부림을 본다

겨울논

가을을 베어낸 자리에 벼 줄기들 얼어붙는다
차곡차곡 얼어붙어 물결점이 겹쳐진다

작고 작은 물방울들 부둥켜안고
서로를 품으며 서로를 엮는다

서둘지 않고 지치지 않고
찬 가슴 달래고 포개어 얼음 꽃을 피운다

길었으나 순식간에 끝나버렸다는 건
변명의 넋두리일 뿐

적막한 대지 위에서 인연 꽃을 피워내는
끈질긴 겨울논의 하얀 몸부림을 본다.

* 불교문학 2014.2

물안개(1)

이승에서
못다 이룬 사랑을
찾아 헤매는
혼령들의 군무

쉼 없이 일렁이며
숨 막히는 환희를 뿜어낸다

가슴에 묻은
서러움의 한 마음껏 풀어낸다

새벽이면 내려와
사랑의 흔적 찾아다니는
아름다운 축제련가.

갈등

십이월 초
가을 같은 겨울
겨울 같은 가을이
뒤 섞인다

너는 늦가을
나는 초겨울
이도 저도 아니어
손잡지 못하는 우리

바짝 말랐음에도
매달린 단풍잎
그래서 더욱 위태롭다

겨울의 첫걸음
가을의 끝자락
불분명한 계절 속에서

내가 먼저
마음의 빗장 내려놓는다.

* 한맥 2014.11

눈물로 핀 꽃

살아남기 위한
몸부림으로
백번도 더 울었다

멋진 친구들
거실로 옮겨져
실내악 연주할 때

겨울 베란다에서
햇살 한 줌 밧줄로 삼고
절망의 암벽을
오르고 올랐다

보잘것없는 몸에서
여리고 여린
꽃대를 폈을 때

어머, 죽은 줄 알았던 난이
꽃을 피웠네.

* 조선문학 2012.11

하늘공원의 여름노래

빌딩 숲 사이로
사뿐히 내려앉은 여인
모시옷 차려입고 여유롭다

지루한 염천의 대낮을
이겨낸 자들
저무는 햇살 속
소슬바람 한줄기 가슴에 담는다

혼자 있는 자
상념에 잠기고
중년 부부
서로의 어깨를 빌려주고
청춘 남녀
눈빛으로 서로를 보듬는다

잔디밭 광장엔
뒤뚱거리는 꼬마들 웃음소리
자작나무 숲을 지나
대숲 속으로 숨어든다

어스름 저녁 그림자 스멀대자
제라니움 하얀 꽃들
웃음 멈추고
나의 시간도 멈춘다.

* 압구정 현대백화점 하늘공원에서

시월의 기도

석양 그림자처럼
지나가 버린 청춘을
추억하며
시월엔
울게 하소서

때깔 고운 이파리
아픈 가슴 품고
떨어지듯
시월엔
낮아지게 하소서

눈물로 뿌린 씨를
기쁨으로 거두듯
시월엔
내가 내게 보내는
편지를 쓰게 하소서

더 울게 하고
더 낮아지게 하여
시월엔
투명한 가을 하늘 바라보며
고요히 침묵하게 하소서.

낙도의 향기

포승줄에 묶여
유배지로 들어가는 길
서리서리 디딘 발걸음에
오솔길도 울었다

잡초가 몸을 비벼대는
초옥의 빈터
어두움 가르는 서릿발 필치가
세상 밝히는 들꽃으로 깔려있고

혈육 보고픈 마음 달래며
손수 파헤친
풍상의 우물터엔
낙엽 지듯 한숨 소리 들려온다

232개 돌계단 오르면
짧은 생을 마친 빈 무덤 하나
푸르른 선비의 기개에 눌러
초목조차 피질 못하고

청정 푸른 계곡 옛집
칡넝쿨에 감겨
신음하는 동백나무는
*노도에 뿌린
서포의 넋이런가.

* 노도(櫓島) : 조선시대 문학가 서포 김만중 선생님이 귀양살이를 하던 경남 남해에 있는 섬.

내일은 맑음

침상에서 일어나
잿빛 커튼 젖히고
태양으로 환한
세상을 보아요

흩날리는 봄꽃 속으로
메마른 마음 날려버리고
세상 적시는 단비
흠뻑 마셔요

허공 속으로
무너진 영혼
밥알 같은
홍자색 꽃가지에
주렁주렁 매달아요

어둠의 그림자
하양과 보라로 물들인
꽃 잔디 속에다
떨쳐버려요

젊음의 노래
삶의 노래를 부르던
푸른 들판으로 나가
내일은 맑음이라고 외쳐요.

* 동인지 풀빛예감. 2012.3

골안개

산허리 휘감고
춤을 추다가
수줍은 자태로 껴안는다

골짜기마다 피어나
능선을 어루만지며
제 몸을 태운다

작은 물방울들이
신기루처럼 뻗어와
잎새 하나하나 어루만지니

산자락
안갯속에서
몸을 떨며 가라앉는다

홀연히 나타나
그냥 흐르지 않는다

부드러운 몸짓 속
숨겨놓은 뜨거움을
아슴아슴
산봉으로 날려 보낸다.

* 동인지 풀빛예감 2012.3

내칠 수 없는 사연

옷장에는
간택 받기 원하는
궁녀들이 즐비하다

바깥 구경을 위한
은밀한 몸짓은
팽팽함으로 무르익는다

옷들도 나이를 먹어
늙은이가 된다

차곡차곡 쌓인 옷들
이건 버릴까
오래된 옷 집어 들면

귀부인으로,
선생님으로 치장해준
그 시절 그 모습들이
나를 붙잡아
차마 내칠 수 없다.

* 한울문학 2013.2

달

우수의 모자를 쓰고
재즈를 좋아하고
음산하고 푸근한
블루 컬러의 옷을 즐겨 입는

빌딩 숲에 떠올라
외로운 자를 어루만지고
스스로 사색의 희열에 빠진

제사지내고
은여우 고갯길 넘을 때
아버지 무명 두루마기 위로
환한 미소 던져주던

파르르
두 손 모은 어머니께
적막 흔들며
진주목걸이 걸어준

그대는
눈빛 푸른 귀부인.

메꽃

고국의 흙냄새 그리워
땅으로 넝쿨 뻗어
신혼살림 차렸다

낮은 곳으로 팔을 뻗어
이웃을 껴안고
낯선 세상 조심조심 내딛는다

흙과 더불어 살아온 모진 세월
별을 품고
노래를 품고
세상을 품는다

먼 이국땅으로
시집온 누이여
이제 입 열어
고향 소식을 물어보렴.

* 조선문학 2011.11

백골의 미소

종합병원 로비에
미소 짓고 있는
백골의 흉상

공허하게 뚫린 두 눈
비우고 비워
더 비울 수 없네

증오도
깊은 사랑의
체온도
모두 날려 보냈는지

내려놓은
삶의 무게로
더욱 견고해 보이네

백골로
살아가는 삶
가벼워서 너무 좋은가.

* 한맥 2014.11

붉은 오월

자식 향한 끈질긴
어머니 세월
붉은 카네이션으로 피어나고

눈물의 최루가스 속
노동자들 함성
붉은 철쭉으로 피어나고

혁명이라는 전차가
연이어 휩쓴 들판에
붉은 장미
더욱 붉게 피어났다

푸르름으로 아늑한
오월의 산천에
거리거리에 넘치는
붉은 사람의 물결은 왜까

화합의 꽃망울
부풀어 오를 그날을
우리 모두 기다리는 마음.

* 조선문학 2012.11

봄비와 벚꽃

봄비가 내린다

준비된 자의 모습
방긋거리는 요정들
가득 터지는 폭소
더 촘촘히
더 가까이
벚꽃들
활짝 세상을 품는다

봄비가 내린다

피는가 했더니
어느새 꽃잎이 진다
아슬아슬하도록
짧은 봄
못내 서운하다
벚꽃들
눈처럼 떨어져 쌓인다.

잔등

한해의 마지막 밤
하얀 등불들
어둠 속에서
꼬리를 문다

솔래솔래
빠져나간 나날들
희끗희끗
보내는 아쉬움
날리고 있다

사흘 내리 잠을 못 자
수면제를 먹게 되었다는
친구가 찾아와
잠들지 못한
별들을 다독거린다

한해가 지나감을
훌쩍 떠나는
매세쯤으로 여겼는데

몇 안 남은
까치밥의 적막은
잔등 아래서
제 살을 태우고 있다.

* 잔등 : 밤을 꼬박 세운 등불

초대

가을비 촉촉이
내리는 날

온 천지에
초대장 뿌려놓고

빈 의자에
걸터앉은

낙엽
낙엽들.

목련이 지고

흰 꿈 활짝 열어
세상 밝히더니
때 이른 봄비에
그리움 접는다

피우다 만
상념의 여운
조용히 달래면서
연둣빛에 자리를 내준다

봄의 문을
활짝 여는 건
신록의 잎

꽃은 흩날리지만
새싹 들
차분히 몸을 불리며
계절의 신호탄을
쏘아 올린다.

* 문학세계 2014.8

서포의 사모가思母歌

어머님
눈 닿는 곳마다 푸른 바다 넘실대는
절해고도絕海孤島
죄인으로 갇히니
강요되는 침묵 참을 만하나
어머님 뵐 수 없는
가장 아픈 참형
피어나는 동백꽃 속에
붉은 눈물로 묻어둡니다

어머님
큰 소리로 부르면
시커먼 새벽 바다마저
폭포 소리를 내며 울고
단단한 어둠을 삼켜버린
고향 집이 다가와 울먹이고
세포 하나하나가 모두 열려
어머님의 손길을 호흡합니다

어머님
못난 자식에 대한
강렬한 진실의 빛 가슴에 품고
"삶이란 경쟁과 비탄의 세월 아니던가"
탄식하던 어머님의 애달픈 눈물
휘휘 겨울바람으로 불어와
사납게 흩날리는 파도 소리에
불효자의
어머니 보고픈 마음 실어 보냅니다
부디…….

마지막 간이역의 독백

당신은 낭만 열차 나는 간이역
비가 오나 눈이 오나 당신은
요란하게 다가와 사정없이 떠나버립니다

젊음만 내려놓고
입맞춤 하나 없이 떠나도
나는 기다릴 수밖에 없습니다

어느덧 세월 속에서 나는 너무 늙었습니다
너무 많은 사람에 지쳤습니다
넘쳐나는 추억들 감당하기 힘듭니다

삶의 돌덩이들 뭉텅뭉텅 빠져나가고
반짝이던 기억들 잡초 속에 뒹구는데
당신을 환호하던 노란 깃발 내린다니

스무 살 청춘의 참맛을 일깨워 준
당신은 낭만 열차 나는 간이역
다시는 돌이킬 수 없는 시간 속을 달려갑니다.

* 고려달빛. 2011~2012. 1.2

순산의 기쁨

늦 가을비
다정하게
소곤대는 아침

잡힐 듯
잡힐 듯
애태우던 상념들

가슴과 가슴 부딪치고
날줄로 씨줄로
밀고 당기더니
불꽃 하나 튕긴다

나뭇결에
바람결에
엉켜 있던
고뇌의 흔적들
詩 한 송이로 피어난다.

지혜의 미학

헤엄 잘 치는
아기오리가 부러운
아기토끼

그러나
수영 훈련소에는
보내지 않는 엄마 토끼

등산 잘하는
아기토끼가 부러운
아기오리

그러나
등산 훈련소에
보내지 않는 엄마 오리

남과 견주면
불행하다는 걸 알기에

다만
어제보다 오늘
오늘보다 내일이
더 나아지길 원하는
동물 엄마의 지혜로움.

송림속의 달

꿈속 같은 봄날 저녁
속세를 떠난 달이
송림 속을 거닌다

휘감기는 솔향기
스치는 봄 냄새가
열세 살 설익은 달을 에워싼다

목련은 큰 별로
개나리는 작은 별로
꽃망울 부풀리고

연분홍 꽃눈을
방실 터뜨릴 것 같은 벚꽃은
달빛 옷을 걸쳤다

돌아올 때도
돌아갈 때도
넋들같이 홀연한
꽃들의 자태에 취해

번잡한 일상
잠시 내려놓고 소풍 나온
송림 속의 달은
돌아갈 길을 잃었다.

머나먼 바다

깊은숨 끌어 올리는
그대 잠든 바다

파도는
끝없이 부서지고
모래는
한없이 미끄러져
온몸으로 서로를 부른다

꽃게들의 무도회에
초대받지 못한 아빠
기다림에 지친
돌고래들 울음소리

물결을 흔들고
섬을 요동치며 꿈틀대는
몸부림에도
어찌할 수 없는 저 바다

섬과 섬 사이로
하늘과 바다를 태우던 노을
부딪쳐 흩날리는
파도를 끌어안으며
마지막 붉은빛을 토한다.

* 이중섭의 '그리운 제주도풍경' 삽화를 보고

쉼표가 있는 자리

풍금 페달을 밟으며
제자들의 꿈을 키웠던
반백의 교대 친구들이

다양한 연둣빛 숲길따라
청량한 계곡의 물길따라
파로호 외톨이 마을
비수구미 아홉 구비를 트레킹했다

계곡으로 흘러든 낙엽은
물속 모자이크를 만들고
둥글둥글 바위들
선명히 또렷이 반짝인다

아기자기 우르릉 물소리는
요정들의 오르골 연주소리
쪼롯쫏쪼 새들 지저귐과
뒤섞인 숲속은
한편의 전원고향곡

꽃다운 젊은 넋을 기린
비목공원 무명용사의 돌무덤 앞에서
'초연히 쓸고 간 깊은 계곡'을
부르며 눈물 흘렸고

평화의 댐에서 타종한
평화의 종소리
북녘까지 울렸으리라

서로가 서로에게
지팡이가 되고 꽃이 된 오늘
아름다운 주춧돌 하나 덧놓았다.

[작품해설]

기억을 촉각으로 재현하다

-남해에서 길어 올린 詩-

올해도 겨울 추위는 매섭다.
이따금 먼 바다의 풍랑소식처럼 한차례 눈발이 지나가기도 하지만 계절은 여전히 미동도 하지 않는다.
그렇게 또 한생이 깊어갈 즈음 위안처럼 우리는 그녀를 만난다.
그녀의 바다는 좀처럼 얼지 않는다. 동심으로 그리는 기억의 바다는 더욱이 그러하다. 아버지는 여전히 크레졸 냄새로 아침을 깨우고 마악 첫 입을 행군 바다는 아직도 물건리로 사랑을 마중 간다.
선뜻 그녀를 따라나선 남해 파도와 금산사 다니던 꽃길도 이제 모두 칠순이 된다.

이 詩의 서평을 맡으면서 구태의연한 이론은 과감히 생략하기로 한다.

남해의 짙푸른 바닷물로 찍어 쓴 그녀의 옥고가 가족과 후손 그리고 독자들에게 마르지 않고 흡수되기를 바라기 때문이다.

언제나 처음인 돌아온 제자리에서 그녀의 두 번째 詩이야기는 이렇게 시작이 된다.

어여쁜 여인아
잠시 일상을 내려놓고
선운사 동백 숲으로 가보자

찬 서리 이겨내고
힘찬 생명으로
무성함을 뽐내는
숲의 탄탄함을 보아라

올망졸망 피어나
험한 세상 등불 같은
따습고 살가운 정

젊은 날의
눈빛 푸른 싱그러움
매운 밤바람 속에서
짙은 녹의 잎사귀로 돋아나고

꽃 한 송이 피우기 위해
부서져 내리던 순간순간들
설핏한 미소 속에 감추었네

바람 끝 잔설 위에
동백보다 더 붉은 꽃잎으로
삶을 일군 여인아.

—『동백꽃 여인』전문—

비단, 치과의사인 아버지의 덕이 아니더라도 그녀의 유년은 유복하다. 수심 깊은 바다를 그대로 방사한 하늘과, 하루에도 수십 번 마음을 오고 가던 왕성한 바다 소리들. 손대지 않은 주변 지형, 천년을 살 수 있는 물려받은 마음의 유산이 온통 그녀만의 것이기 때문이다.

시는 자신을 가장 정직하게 투영한 생의 거울이다. 이 시의 제목인 『동백꽃 여인』은 평생 교직에 몸담아 온 선생님으로서, 네 딸을 둔 엄마와 두 번째 시집을 상재하는 문단의 중견 시인으로서의 자신이다. 또한 동백을 만나기 전까지 그만 깜박 잊고 살 수밖에 없는 세상의 모든 여인을 향한 위로이다.
2연에서부터 5연까지의 묘사를 보면 여전히 푸르게 붉은 자신을 선운사 동백 숲에서 조우하는 순간에 결집되어 있다. 지치고 힘들었던 시간들이 마침내 한 송이 꽃으로 매듭지어지는 성찰의 과정은 독자에게 잔설 속에서 일구어 낸 평생이 영상처럼 지나가도록 충분히 유도하고 있다.

뿐만 아니라 시의 전체적 시제가 현재형으로 모두 되어있어 놓치지 않는 이 무의식이 화자가 동백보다 젊은 강력한 이유이다.

깊은숨 끌어 올리는
그대 잠든 바다

파도는
끝없이 부서지고
모래는
한없이 미끄러져
온몸으로 서로를 부른다

꽃게들의 무도회에
초대받지 못한 아빠
기다림에 지친
돌고래들 울음소리

물결을 흔들고
섬을 요동치며 꿈틀대는
몸부림에도
어찌할 수 없는 저 바다

섬과 섬 사이로
하늘과 바다를 태우던 노을
부딪쳐 흩날리는

파도를 끌어안으며
마지막 붉은 빛을 토한다.

–『머나먼 바다』전문–

그녀는 나이와 신분이 보이지 않는다. 다만 남해의 일렁거리는 바다소리만 들린다. 이제 막 교복을 다려 입고 나선 진주로 유학 간 여고생의 모습만 보인다. 교육대학에서 청정한 꿈을 키우는 교사의 모습만 보인다. 여전히 처음이고 풋풋하며 늘 과정을 즐기는 젊음만 보인다.

그녀를 주입시키고 있는 에너지의 원천은 『머나먼 바다』이다. 평생 마음으로 끌어안고 살았지만 그녀의 바다는 아직도 멀다. 이 모순이 바로 시적 진실이다. 바다를 보았으므로 본 적 없는 paradox를 그녀는 시를 통해 스스로 찾아가고 있다. 기억을 더듬어서 이미지화시키는 과정은 결코 쉽지 않다.
5연의 2행처럼 안정적인 터치감과 긴 호흡 속에 이 시의 구성이 간결해 보이는 듯하다. 그러나 이면으로 들어가 보면 본질이고 원천인 바다처럼 詩의 이면이 소용돌이치고 있다. 아니 그녀가 소용돌이치고 있다. 그녀는 언제 처음 파도와 만났는지 문득 너무 일찍 철이 났을지도 모를 또 하나의 연민에 귀 기울여 본다.

옷장에는
간택 받기 원하는
궁녀들이 즐비하다

바깥 구경을 위한
은밀한 몸짓은
팽팽함으로 무르익는다

옷들도 나이를 먹어
늙은이가 된다

차곡차곡 쌓인 옷들
이건 버릴까?
오래된 옷 집어 들면

귀부인으로,
선생님으로 치장해준
그 시절 그 모습들이
나를 붙잡아
차마 내칠 수 없다.

–『내칠 수 없는 사연』전문–

잘 정돈된 지형이 시인에게 미치는 영향을 생각해 본다. 경계를 넘어 진정성을 드러내는 특권이 마침 내 작품의 이름으로 갈무리되기 때문이다.
화자가 그동안 추구해온 시 세계는 상당히 거시적

이다. 즉, 거시적인 안목으로 삶의 논쟁들을 해결했음을 보여준다. 오늘날 수많은 갈등의 양상은 비단 국가뿐 아니라 가족 내에서도 빈번히 발생한다. 살면서 겪는 문제 앞에서 가끔은 마음의 배 한척 띄우며 초연했을 마음들이 글속에 고스란히 담겨져 있다. 논리적인 남편의 외조를 은근히 표현하는 미소 속에서 살뜰하고 단단히 가정을 꾸린 그들만의 단란함이 엿보인다. 위의 시제 『내칠 수 없는 사연』은 상대방의 의견을 포용하는 미덕이 문장 어휘 속에 숨어있다. 언제나 갈등과 경계를 인지하고 동시에 창조적인 힘의 시선으로 역발상하는 모색이 느껴진다. 전체적으로 어느 것 하나 사소하게 생각하지 않는 따뜻한 인간미가 배여 있는 그녀가 독자들에게 호응을 얻는 진짜 이유이다.

귀 기울이면
사그락 사그락
보듬는 소리
솨아 솨아
속삭이는 소리 들린다

검소하되
누추하지 않고
무성하되
지저분하지 않은

저마다의 질서와
풋풋함을 간직한
시누대 숲처럼 살아간다면.

―『시누대 숲에서』전문―

남해의 물결이 번져 그녀에게는 4명의 딸이 있다. 그녀의 신앙에는 늘 많은 것들이 동반하는데 그 중심에는 언제나 아이들이 있다. 조화와 질서를 중시하며 동시에 자연을 늘 동경하는 모습으로 평생을 산다. 1연에 등장하는 고요의 입체감이 평생 그녀의 역할을 대변해주고 있다. 시누대 숲은 아이들이 손 뻗으면 만질 수 있고 다가갈 수 있는 엄마이다. 올곧게 살아온 남편이 언제든지 쉴 수 있는 그늘이며 배움의 터에서는 학생들의 영원한 요람인 것이다. 그렇게 그녀는 스스로 시누대 숲이 되어가고 있다. 소리 없이 공백을 채워나가며 무한히 존재하는 모든 사물의 빈자리를 대체해 나가고 있다.

더 나은 삶을 살기 위해
폭포를 뛰어넘는 오름 짓을 했다
물살에 휩쓸려 하얀 포말 속에 파묻혀도
재도약은 본능이었다
드디어 수면을 차고 올라
허공을 가르고 별을 땄다

초등교육의 수장으로
편안한 미소로
보물처럼 간직한
거위의 꿈을 펼치며
학생들에게 따뜻한 옷을 입혔다

42년의 교단에서 내려오는 날
자유의 햇살은 눈부셨다
손목 아렸던 밤
외로움 껴안을 시간도 없었던
세월 속 깔린 굉음들
이젠 휘파람으로 가끔씩 다녀가니
눈물 흘리며 뿌린 씨를
기쁨으로 누리는 나날은 팽팽하다.

-『열목어의 열망』전문-

『열목어의 열망』은 평생 42년을 교육현장에서 헌신하던 친구 교사에 대한 시인 동시에 본인의 교직관을 반추한 것이라고 할 수 있다. 기승전결의 구성으로 1연은 교대를 졸업하고 발령받은 첫 부임지에서의 설렘을 표현하고 있다. 그녀 역시 결혼과 동시 교직을 떠났으나 11년 만에 복직하여 30년 넘게 초등교직에 몸담았으므로 교장으로 정년퇴임하는 친구를 통해 기쁨과 보람을 같이 공유하고 있다. 이 시의 주제는 3연의 '굉음'이다. '굉음'은 아이들을 향한 시인 본인의 마음이다. 그 한마디에 교직 생활의 모든 것이 함축되어있다. 평생 손이 닳도록 보살피던 아이들의 모습. 세상 모든 교사들의 귀에 아이들 이야기며 웃음이나 울음소리는 언제나 비행기 소리만큼 크게 들려오기 때문이다. 친구교사의 퇴임식을 통하여 이제 시인 본인도 교사로서의 옷을 벗고 한 인간으로서의 제2의 삶에 충실함으로 나날이 즐거움을 누리고 있다고 고백한다.

꿈속 같은 봄날 저녁
속세를 떠난 달이
송림 속을 거닌다

휘감기는 솔향기
스치는 봄 냄새가
열세 살 설익은 달을 에워싼다
목련은 큰 별로
개나리는 작은 별로
꽃망울 부풀리고

연분홍 꽃눈을
방실 터뜨릴 것 같은 벚꽃은
달빛 옷을 걸쳤다

돌아올 때도
돌아갈 때도
넋들 같이 홀연한
꽃들의 자태에 취해

번잡한 일상
잠시 내려놓고 소풍 나온
송림 속의 달은
돌아갈 길을 잃었다.

―『송림속의 달』전문―

이 시의 특징은 몽환적이고 애상적이다. 가끔은 꿈을 꾸는 여자로 돌아와 한그루의 꽃이 되고 싶은 봄날이 있다. 시적 화자는 지금 충전 중이다. 모든 것을 목전에 두고 여유 있게 길을 잃는다. 만고의 진리인 '달'도 길을 잃는 시간. 지금 우주의 주인은 그녀이다. 한 장의 종이와 펜을 들고 우주와 한판 승부를 벌인다. 언어의 질서를 배반하여 잠깐 궤도를 바꿔 놓는다. 시인만의 특권을 톡톡히 누리고 있다. 돌이켜보면 너무도 정확히 살아온 생이다. 너무도 반듯이 살아온 날들이다. 추락도 모르고 일탈도 모르며 맏며느리로 엄격하게 살아온 생이다. 지금은 춘정 넘치는 봄밤, 지금이 길을 잃을 수 있는 유일한 시간이다. 금기의 에너지가 한편의 시로 바뀌는 순간이다.

외로움 덮쳐
꽃송이라도 터뜨리고 싶은 날
남녘 바다로
조각배 하나 띄운다

따뜻한 숨결 따라
노 저어 가면
깊은 에메랄드 물빛 밟고
두 팔 벌린 어머니를 만난다

수평선 헤치고
주홍빛 태양 환하게 웃으며
하루를 선물하고
보랏빛 낙조
파도를 물들이며
시린 가슴 녹여준다

바다에 그어놓은 죽방렴 사이사이
집어등 밝히고 멸치 부리는 고깃배
햇빛 받아 보석을 쏟아내는 갯벌들
동백꽃 미소 사이로
치자 향, 유자 향 춤추고
보리암, 망운암 풍경소리
심신을 헹궈낸다

키 큰 미루나무 아래
속삭이던 강아지풀
낮은 굴뚝사이로

흩어져 내리던 저녁연기는
얼마나 좋았던가

급한 물살 속으로 흘러간 친구들
목청껏 교가를 불러대던 꼬마들
석양 속으로 가물거릴 때
사랑의 기척으로
마음의 울림으로 다가오는
고향의 속살.

-『보물섬 내 고향』전문-

그녀는 잘 압축된 파일이다. 암호코드인 사랑을 풀면 남해바다가 송두리째 흘러넘친다. 그곳은 그녀 삶의 가장 든든한 배경이고 교과서이며 유일하게 흘리는 눈물이다. 하여 시의 이미지마다 감각이 저절로 들어간다. 남해는 그녀가 쓰는 가장 자연스러운 詩이며 그녀가 뽑는 최고의 걸작이기도 하다. 그러므로 남해는 그녀가 앓고 있는 가장 아름다운 병이다.

『보물섬 내 고향』의 시적 화자가 응시하는 것은 부재이다. 부재의 오류를 범해야 경계의 선을 밟을 수 있기 때문이다. 그런 의미로 재해석 해보면『보물섬 내 고향』의 이해가 굴곡적으로 깊게 다가온다.

객지에서 사물의 진의는 진부하다. 율동적인 고향의 움직임에 익숙한 화자에게는 더더욱 힘이 드는 일이다. 그 소통으로 시인을 꿈꾸며 가장 귀한 상태에서 화자는 고향을 만난다.

진실의 편이 되어주는 일은 먼 바다보다 힘들다. 현실은 언제나 움직임이 없고 꿈꾸는 고향은 밤마다 찾아온다. 이 괴리가 바로 그녀만의 보물섬이다. 한 편의 동화 같은 이야기를 품고 밤마다 정박을 꿈꾸는 우리는 모두 이방인인 것을 작품을 통해 제시해 준다. 그녀만의 상상력과 미적 감각을 가미해 고향은 오늘도 풍요롭다. 거대담론이 아닌 생명 존엄의 시작으로 고향은 분명 하나님이 주신 가장 큰 보물임이 틀림없다. 시의 기법으로는 도저히 묘사 불가한 그녀의 보물섬임에 틀림이 없다.

살아남기 위한
몸부림으로
백번도 더 울었다

멋진 친구들
거실로 옮겨져
실내악 연주할 때
겨울 베란다에서
햇살 한 줌 밧줄로 삼고
절망의 암벽을
오르고 올랐다

보잘것없는 몸에서
여리고 여린
꽃대를 폈을 때

어머
죽은 줄 알았던 난이
꽃을 피웠네.

-『눈물로 핀 꽃』전문-

언어에도 각기 색이 있어 빛과 그림자를 수시로 창출한다. 묘한 것은 두 개의 개념이 한 단어에 동시 존재 한다는 것이다. 3연의 '암벽'을 살펴보면 자의적 진술과 개연성 요구 부분이 같이 들어 있다. 시어의 다의성으로 볼 때 질감과 촉감 유발에서 효과적이다. 시 본디의 가락이 형태라면 4연의 '보잘것 없는 몸에서'라고 전제한 율격은 음영이라 할 수 있다. 5연의 2행인 '죽은 줄 알았던 난이' 3행의 '꽃'을 대동하고서야 존재가 연결되듯 암벽이 빛으로 전환되는 식견은 시인만이 누릴 수 있는 아름다운 권리이다.

빛바랜 흑백 사진 속에
같이 웃어주는
고향 친구 같은

추억 속
까마득히 흐르는
주막의 불빛 같은

갈 곳 없는 나그네
쉴 수 있는
온돌방 한 칸 같은

무르익는 과일의 향기가
바람결에 묻어오는
구월의 햇살 같은

정적 속 뜨락에서
매화 같은 시인으로 피어나
그런 노래 부른다면
얼음 같은 공기 가로질러
삶의 향기
사뿐사뿐 실어 나른다면.

-『시인의 노래』전문-

무릇 시인은 사물에 대한 외경 속에서 시간의 배후를 보는 사람들이다. 그런 면에서 3연은 무의식을 유효화시키는 심기일전이 작품 속에 녹아있다.
그 고요를 받아 5연의 '정적'과 6연의 '가로질러'의 뉘앙스가 화자의 본질을 상기해 준다. 이 모호성을 바탕으로 고요와 맞닥뜨리는 것이 화자의 시각이다. 시는 초심을 사수할 때 비로소 정신적 응시가 일어날 수 있다는 것을 간접적으로 시사해준다. 결국 『시인의 노래』는 핵심자리를 비워놓고 오늘은 아무도 주인이 되지 않는다는 역설이다.

시적 아이러니로 의해 누구든 그 자리가 되어보는 것이다. 그 간극을 통하여 오롯이 길을 가는 형상화가 이미지를 만들어 낸다. 완성도를 추구하는 면에서 당연 먼 지름길이 확실하지만 허세의 그림자를 삶의 풍문으로 들어 앉혀 비로소 언어를 해방시켜 본다. 원근의 바다가 매화로 다시 꽃피고 있다.

풍금 페달을 밟으며
제자들의 꿈을 키웠던
반백의 교대 친구들이

다양한 연둣빛 숲길 따라
청량한 계곡의 물길 따라
파로호 외톨이 마을
비수구미 아홉 구비를 트레킹했다

계곡으로 흘러든 낙엽은
물속 모자이크를 만들고
둥글둥글 바위들
선명히 또렷이 반짝인다

아기자기 우르릉 물소리는
요정들의 오르골 연주소리
쪼룻쫏쪼 새들 지저귐과
뒤섞인 숲속은
한편의 전원고향곡

꽃다운 젊은 넋을 기린
비목공원 무명용사의 돌무덤 앞에서
'초연히 쓸고 간 깊은 계곡'을
부르며 눈물 흘렸고

평화의 댐에서 타종한
평화의 종소리
북녘까지 울렸으리라

서로가 서로에게
지팡이가 되고 꽃이 된 오늘
아름다운 주춧돌 하나 덧놓았다.

-『쉼표가 있는 자리』전문-

남해의 바다에서 시작한 그녀는 올해로 칠순이 된다. 海流를 따라 순하게 그러나 거침없이 흘러왔다. 손색없는 삶을 살기란 결코 쉽지 않음에도 불구하고 그녀는 가족과 직업 문학까지 성공적인 삶을 살고 있다. 이제 남은 소망은 시댁이 있는 남해 물건리에 시비를 세우는 일이다. 한마디로 그녀의 삶은 고향인 남해에서 기인되었다 해도 과언이 아니다. 어느 역할하나 소홀하지 않는 최선을 다하는 모습에 절로 고개가 숙여진다.

이번 시집은 2009년의 첫 시집 '세월의 그림자' 이후 6년만의 출간이다. 늘 정진하는 모습이 신인작가들의 귀감이 될 것을 믿으며 마르지 않는 남해 바닷물을 길어 올려 쓴 그녀의 두 번째 시집 출간을 진심으로 축하한다.

(이상은: 한성대평교원 시창작과정 출강)

그대를 부르고 싶다

인 쇄 : 초판인쇄 2015년 03월 20일
인 쇄 : 초판발행 2015년 03월 25일
지은이 : 이남숙
펴낸이 : 윤기영
편집장 : 정설연
펴낸곳 : 노트북 출판사
등 록 : 제 305-2012-000048호
본 사 : 동대문구 사가정로 265-4번지 나동 B101호
전 화 : 070-8887-8233 팩시밀리 : 02-844-5756
이메일 : hdpoem55@hanmail.net

2015 & 이남숙 詩集

정 가 : 10,000원
ISBN : 978-92687-52-2-03810

한국 현대시[韓國現代詩]

811.7-KDC6
895.715-DDC23 CIP2015008242